Siendo un Streamer

Paulette Durand

Paulette Durand

Paulette Durand

Página de Derechos de Autor

Paulette Durand

Indice

Paulette Durand

Paulette Durand

La Era del Entretenimiento Digital

La era del entretenimiento digital ha llegado para transformar la manera en que nos conectamos, nos divertimos y aprendemos. Hoy, vivimos en un mundo donde cualquier persona con una conexión a internet puede acceder a una cantidad casi infinita de contenido en cuestión de segundos. En este contexto, el streaming se ha convertido en una de las formas más populares de consumir entretenimiento. Ya no es necesario esperar horarios de televisión ni depender de grandes productoras para disfrutar de un programa o ver a alguien jugar videojuegos; ahora, las personas pueden transmitir en vivo desde sus hogares y conectar directamente con audiencias de todo el mundo.

El streaming no es solo una moda pasajera; es un reflejo de cómo las personas prefieren interactuar con el contenido en la actualidad. En lugar de consumir entretenimiento de forma pasiva, como lo hacemos con las películas o los programas de televisión tradicionales, los espectadores quieren ser parte de la experiencia. Desean interactuar, enviar comentarios en tiempo real, hacer preguntas y sentir que están en la misma habitación que el streamer. Esto ha creado un entorno mucho más dinámico, donde el público no es solo un espectador, sino también un participante activo.

La tecnología ha jugado un papel crucial en esta transformación. Plataformas como Twitch, YouTube y Facebook Gaming han permitido que cualquiera pueda transmitir en vivo con herramientas accesibles y fáciles de usar. Además, la calidad del internet ha mejorado significativamente, lo que permite transmitir videos en alta definición sin interrupciones. Hace una década, esto habría sido impensable para la mayoría de las personas. Ahora, incluso alguien con recursos limitados puede empezar a transmitir con un teléfono inteligente o una computadora básica, lo que ha democratizado el acceso a este mundo.

Otro aspecto clave de esta era es la diversidad del contenido. El streaming no se limita a los videojuegos, aunque estos son una gran parte de la industria. Hay transmisiones de música, charlas motivacionales, cocina, arte, fitness, y hasta personas simplemente conversando con su audiencia mientras toman un café. Esto significa que hay un espacio para todos, sin importar cuáles sean tus intereses. Si tienes pasión por algo, lo más probable es que haya una audiencia esperando para conectarse contigo.

El impacto del streaming también se siente en la economía. Cada día, miles de streamers generan ingresos a través de donaciones, suscripciones, anuncios y patrocinios. Algunos incluso han convertido esto en su carrera a tiempo completo, ganando más dinero que en trabajos tradicionales. Las marcas también han notado el poder del streaming y buscan constantemente colaborar con creadores para llegar a audiencias específicas. Esto ha dado lugar a una nueva forma de economía digital, donde la creatividad y la autenticidad son los activos más valiosos.

Sin embargo, esta revolución no solo ha cambiado la manera de consumir contenido; también ha cambiado las expectativas de los creadores. Hoy, ser streamer no significa solo prender una cámara y hablar; implica planificar, interactuar y mantener una consistencia que pueda atraer y retener a la audiencia. En esta era, los espectadores buscan contenido auténtico y personal, algo que les haga sentir una conexión real. Por eso, muchos streamers exitosos son aquellos que muestran su verdadera personalidad, comparten sus historias y se involucran con su comunidad.

A pesar de todo el glamour que puede parecer rodear al streaming, también es una actividad que requiere esfuerzo y dedicación. Muchas personas comienzan con grandes expectativas, pero pronto descubren que el crecimiento no siempre es rápido ni fácil. Esto no debe desanimarte, sino prepararte para lo que está por venir. La era del entretenimiento digital ha creado oportunidades como nunca antes, pero también ha elevado el nivel de competencia.

Lo emocionante de este momento es que apenas estamos empezando. Cada día se crean nuevas plataformas, surgen tendencias y se inventan formas creativas de interactuar con el público. Ser parte de esta revolución digital significa tener la oportunidad de formar parte del futuro del entretenimiento, de construir algo propio desde cero y, sobre todo, de compartir tus pasiones con el mundo. La era del entretenimiento digital no solo es el presente; es también el futuro, y tú puedes ser una de las personas que marquen la diferencia en este emocionante panorama.

Paulette Durand

¿Es el Streaming para Ti?

El streaming puede parecer una actividad divertida y sencilla: enciendes la cámara, haces lo que te gusta y de repente tienes miles de seguidores viéndote, ¿verdad? Bueno, no exactamente. Antes de lanzarte de lleno al mundo del streaming, es importante preguntarte si esta actividad realmente es para ti. Aunque puede ser muy gratificante, también tiene sus desafíos, y no es algo que funcione para todo el mundo. En este capítulo, vamos a explorar las preguntas clave que necesitas hacerte para decidir si el streaming es el camino correcto para ti.

Primero, pregúntate si te apasiona compartir lo que haces con otras personas. El streaming no se trata solo de jugar videojuegos, pintar o cocinar; se trata de hacerlo mientras interactúas con una audiencia. Esto significa que tienes que sentirte cómodo con la idea de que las personas te observen, te hagan preguntas y, a veces, critiquen lo que estás haciendo. Si eres alguien que prefiere trabajar en silencio y evitar el escrutinio público, puede que el streaming no sea lo ideal para ti. Sin embargo, si disfrutas hablar con otros, hacer reír a la gente o enseñarles algo nuevo, entonces ya tienes un buen comienzo.

Otra cosa importante a considerar es tu nivel de paciencia. El éxito en el streaming rara vez ocurre de la noche a la mañana. La mayoría de los streamers exitosos pasaron meses, incluso años, construyendo su audiencia. Al principio, es posible que transmitas para solo unas pocas personas, tal vez incluso para nadie. Esto puede ser desmotivador si esperas resultados inmediatos. Por eso, es crucial que tengas la capacidad de disfrutar el proceso, incluso cuando los números no sean los que esperabas. Si estás dispuesto a ser constante y perseverar, tienes una mejor oportunidad de destacar en este campo.

La creatividad también es un factor importante. Como streamer, necesitas mantener a tu audiencia interesada, y esto a menudo significa experimentar con diferentes tipos de contenido. Puede que un día juegues un videojuego popular, otro día hagas un stream de preguntas y respuestas, y en otro momento intentes algo completamente inesperado, como cocinar una receta absurda en vivo. Si te gusta probar cosas nuevas y no tienes miedo de salirte de tu zona de confort, tienes una ventaja sobre muchos otros.

El tiempo es otro aspecto clave. El streaming requiere una inversión significativa de tiempo, no solo para las transmisiones en vivo, sino también para preparar contenido, interactuar con tu comunidad y mejorar tus habilidades técnicas. Si ya tienes un horario apretado y no estás dispuesto a sacrificar algo de tu tiempo libre, el streaming puede ser difícil de encajar en tu vida. Dicho esto, no necesitas transmitir ocho horas al día como hacen algunos streamers profesionales. Puedes empezar con transmisiones cortas y ver cómo encajan en tu rutina, pero debes estar dispuesto a comprometerte.

Un aspecto que muchas personas pasan por alto es la resiliencia emocional. En el mundo del streaming, no siempre recibirás comentarios positivos. Habrá críticas, trolls y personas que simplemente no serán amables contigo. Esto puede ser difícil de manejar, especialmente si no estás acostumbrado a recibir comentarios negativos. Sin embargo, si puedes aprender a ignorar las críticas destructivas y centrarte en las opiniones constructivas, podrás crecer tanto como streamer como persona.

Finalmente, considera tus expectativas. ¿Por qué quieres hacer streaming? Si tu único objetivo es ganar dinero rápido o volverte famoso, probablemente te decepcionarás. El streaming es una carrera maratónica, no un sprint. Por otro lado, si lo haces porque disfrutas compartir tus pasiones, conectar con personas y crear algo único, entonces estarás en el camino correcto.

El streaming no es para todos, y eso está bien. No necesitas ser la persona más carismática, talentosa o divertida para tener éxito, pero sí necesitas pasión, paciencia y la disposición de aprender constantemente. Si después de reflexionar sobre estas preguntas sientes que el streaming te emociona y estás dispuesto a aceptar tanto los retos como las recompensas, entonces tal vez sea el momento de encender esa cámara y compartir tu mundo con los demás. ¿Es el streaming para ti? Solo tú tienes la respuesta.

Equipamiento Esencial

Cuando piensas en empezar a hacer streaming, una de las primeras cosas que probablemente te preguntas es: "¿Qué necesito para empezar?". Puede parecer que necesitas un equipo súper caro o profesional para destacar, pero la verdad es que puedes comenzar con lo básico y mejorar tu equipamiento con el tiempo. En este capítulo, te voy a explicar todo lo que necesitas para iniciar tu aventura como streamer, sin complicaciones ni gastos innecesarios.

Lo primero y más importante es la computadora o dispositivo que usarás para transmitir. Si estás planeando hacer streams desde una consola como PlayStation o Xbox, estás de suerte, porque estas suelen incluir funciones de streaming integradas. Sin embargo, si vas a transmitir desde una computadora, es fundamental que tenga un rendimiento decente. No necesitas una máquina de miles de dólares, pero sí algo que pueda manejar tanto el juego como el software de streaming sin quedarse congelada. Busca al menos una computadora con un procesador de gama media, 8 GB de RAM y una tarjeta gráfica decente si vas a transmitir videojuegos. Si solo harás transmisiones de charla o actividades más simples, como dibujo, una laptop promedio puede ser suficiente.

La calidad de tu conexión a internet también es crucial. El streaming depende de subir datos constantemente, así que necesitas una conexión estable con una velocidad de subida de al menos 5 Mbps. Para verificar esto, puedes usar herramientas en línea como Speedtest. Si tu conexión es inestable o lenta, puede que enfrentes cortes o que la calidad de tu video sea mala, lo que puede frustrar a tu audiencia. Si es posible, utiliza un cable Ethernet en lugar de depender del wifi, ya que esto te dará una conexión más estable.

Otro componente esencial es la cámara. Si bien puedes empezar sin una cámara y solo transmitir tu voz o pantalla, mostrar tu rostro ayuda a crear una conexión más personal con tu audiencia. No necesitas una cámara profesional para empezar; una webcam económica puede hacer el trabajo. Por ejemplo, una webcam que grabe en 720p o 1080p será suficiente para tus primeros streams. Si tu presupuesto es ajustado, incluso puedes usar la cámara de tu teléfono móvil con aplicaciones que lo convierten en una webcam para tu computadora.

El micrófono es igual o incluso más importante que la cámara. La gente puede perdonar una calidad de video mediocre, pero si no te escuchan claramente, perderán interés rápido. Hay opciones económicas y de buena calidad, como los micrófonos USB que se conectan fácilmente a tu computadora. Busca uno que reduzca el ruido de fondo, para que tu voz sea clara incluso si hay ruidos en tu casa. Si estás muy ajustado de presupuesto, los auriculares con micrófono que ya tengas también pueden servir, aunque no tendrán la misma calidad que un micrófono dedicado.

No podemos olvidarnos del software de transmisión. Por suerte, hay opciones gratuitas y fáciles de usar como OBS Studio y Streamlabs. Estas herramientas te permiten configurar tus escenas, agregar overlays (gráficos decorativos para tu transmisión) y manejar el audio. Aunque al principio puede parecer complicado, hay muchos tutoriales en internet que te enseñarán a usar estos programas paso a paso.

También querrás prestar atención a la iluminación. No necesitas un set de luces profesional para empezar, pero una habitación bien iluminada hace una gran diferencia. Usa lámparas que ya tengas en casa para asegurarte de que tu rostro sea visible y no estés en sombras. Si más adelante decides invertir, puedes comprar una luz tipo aro, que son económicas y ofrecen una iluminación suave y uniforme.

Otro detalle que a menudo se pasa por alto es la silla y el lugar donde transmitirás. Vas a pasar muchas horas sentado, así que asegúrate de tener una silla cómoda que cuide tu espalda. No necesitas una silla gamer carísima, pero sí algo que te permita mantener una buena postura. También, busca un lugar donde puedas transmitir sin muchas distracciones ni ruidos que puedan interrumpir.

Finalmente, asegúrate de contar con algo para personalizar tu espacio o transmisión. Esto puede ser tan simple como un fondo limpio o decorado con algunos elementos que reflejen tu personalidad. La idea es hacer que tu espacio sea visualmente agradable para la audiencia sin gastar una fortuna.

En resumen, el equipamiento esencial para streaming no tiene que ser complicado ni costoso. Con una computadora funcional, una buena conexión a internet, una webcam básica, un micrófono decente y un software gratuito, puedes empezar. Lo importante es dar ese primer paso y mejorar poco a poco a medida que creces como streamer. No dejes que la idea de necesitar el mejor equipo te detenga; lo más importante es empezar, ser constante y aprender en el camino.

Eligiendo tu Nicho y Estilo

Cuando decides convertirte en streamer, una de las primeras decisiones importantes que debes tomar es elegir tu nicho y estilo. Esto no solo define el tipo de contenido que crearás, sino también quién será tu audiencia y cómo te conectarás con ella. Elegir correctamente puede ser la diferencia entre crecer rápidamente o quedarte atrapado en un mar de competidores. No te preocupes, encontrar tu nicho no es complicado, pero sí requiere un poco de reflexión y, sobre todo, sinceridad contigo mismo.

El nicho es el tema o actividad principal de tus transmisiones. Algunos de los nichos más populares en el streaming incluyen videojuegos, música, arte, cocina, fitness y simplemente charlar con la audiencia. Pero aquí está el secreto: no tienes que elegir algo solo porque es popular. En lugar de eso, pregúntate qué es lo que realmente te apasiona. ¿Qué actividad disfrutas tanto que podrías hacerla durante horas sin aburrirte? Si amas los videojuegos, ¿hay un género específico que te encanta? Si eres creativo, ¿te gusta dibujar, pintar o hacer manualidades? Elegir algo que realmente te interese hará que el streaming sea divertido y sostenible a largo plazo.

Además de pensar en lo que te gusta, también es importante considerar lo que se te da bien. Tal vez te encanta cocinar, pero si nunca has preparado algo más complicado que un sándwich, puede que no sea el mejor nicho para ti (al menos no al principio). Sin embargo, si eres bueno tocando un instrumento o tienes mucho conocimiento sobre un tema específico, esa puede ser tu ventaja. Un buen nicho es aquel en el que se cruza lo que amas, lo que sabes hacer bien y lo que podría interesar a los demás.

Ahora bien, incluso dentro de un nicho amplio como los videojuegos, hay maneras de ser más específico. Por ejemplo, en lugar de transmitir cualquier juego, podrías enfocarte en juegos retro, títulos independientes o competiciones de eSports. Esto te ayudará a destacar entre otros streamers. Lo mismo aplica a otros nichos. Si decides hacer streams de cocina, podrías especializarte en recetas veganas, postres o platos típicos de tu cultura. Mientras más específico seas, más fácil será para las personas interesadas en ese tema encontrarte.

El estilo es otro aspecto importante que debes definir. El estilo es tu personalidad en pantalla y cómo interactúas con tu audiencia. Algunas personas son extrovertidas y enérgicas, mientras que otras son más calmadas y reflexivas. No hay un estilo correcto o incorrecto, pero sí es importante que sea auténtico. La audiencia puede notar fácilmente cuando alguien está fingiendo, y eso puede alejarlos. Si eres naturalmente divertido y carismático, aprovecha eso. Si eres más tranquilo, usa tu serenidad como un punto fuerte para transmitir una sensación de confianza y comodidad.

También puedes añadir toques únicos a tu estilo. Tal vez tengas un sentido del humor peculiar, una forma de hablar distintiva o una habilidad para contar historias. Estas pequeñas cosas son las que harán que las personas te recuerden y quieran volver a verte. No trates de copiar exactamente a otros streamers, porque lo que funciona para ellos puede no funcionar para ti. En lugar de eso, observa qué te gusta de ellos y adapta esas ideas a tu propia manera de ser.

Otra parte de encontrar tu estilo es definir cómo interactuarás con tu audiencia. Algunos streamers leen y responden cada comentario en el chat, mientras que otros prefieren concentrarse más en lo que están haciendo y responder solo de vez en cuando. Al principio, puede que te sientas un poco nervioso o no sepas cómo manejar el chat, y eso está bien. Con el tiempo, desarrollarás tu propio ritmo y forma de interactuar que se sienta natural.

Recuerda también que tanto tu nicho como tu estilo pueden evolucionar con el tiempo. Tal vez comiences jugando un videojuego específico, pero luego te des cuenta de que disfrutas más haciendo streams de charla con tu audiencia. Eso es completamente válido. El streaming es una plataforma flexible, y no tienes que encasillarte en algo para siempre. La clave es estar atento a lo que disfrutas y lo que tu audiencia responde mejor.

Elegir tu nicho y estilo no es algo que tengas que resolver de inmediato. A veces, la mejor manera de descubrirlo es simplemente empezar, probar diferentes cosas y ver qué se siente bien. No tengas miedo de experimentar y ajustar el rumbo a medida que avanzas. Lo más importante es que te sientas cómodo y disfrutes lo que haces. Cuando te diviertes y eres auténtico, tu audiencia lo nota, y esa conexión es lo que realmente construye un canal exitoso.

Diseñando tu Marca Personal

Diseñar tu marca personal es uno de los pasos más importantes para convertirte en un streamer exitoso. Más allá de lo que transmitas o cómo lo hagas, tu marca personal es lo que hará que las personas te recuerden, te reconozcan y quieran seguirte. Es como tu tarjeta de presentación en el mundo del streaming. Una buena marca personal no solo te diferencia de los demás, sino que también crea una conexión emocional con tu audiencia, lo que es clave para construir una comunidad sólida. En este capítulo, vamos a explorar cómo puedes crear una marca personal que refleje quién eres y que atraiga a las personas correctas.

El primer paso para diseñar tu marca personal es pensar en quién eres y cómo quieres que los demás te perciban. Pregúntate: ¿qué te hace único? Tal vez tienes un sentido del humor particular, una forma de hablar característica o un enfoque único para el contenido que transmites. Piensa también en cómo quieres que tu audiencia se sienta cuando vean tus transmisiones. ¿Quieres que se rían, aprendan algo nuevo o simplemente se relajen? Tu marca personal debe ser una extensión de tu personalidad, algo que sea auténtico y con lo que te sientas cómodo. Si intentas ser alguien que no eres, tarde o temprano eso se notará, y puede alejar a tu audiencia.

Otro aspecto fundamental de tu marca personal es tu nombre de streamer. Este es uno de los elementos más visibles de tu marca, así que debe ser memorable, fácil de escribir y relacionado contigo o con el tipo de contenido que ofreces. Evita nombres demasiado largos, complicados o difíciles de pronunciar. Si es posible, elige algo que también puedas usar como tu nombre de usuario en las redes sociales, para que sea consistente en todas las plataformas. Por ejemplo, si tu contenido gira en torno a juegos retro, un nombre relacionado con esa temática podría funcionar muy bien.

El diseño visual también es una parte importante de tu marca personal. Esto incluye tu logo, los colores que usas y el diseño de tus overlays o gráficos en tus transmisiones. No necesitas ser un diseñador profesional para crear una identidad visual atractiva. Hay muchas herramientas gratuitas en línea, como

Canva, que te permiten diseñar gráficos simples pero efectivos. Al elegir colores y estilos, piensa en algo que refleje tu personalidad y que sea agradable a la vista. Por ejemplo, si tu contenido es relajado y amistoso, colores suaves y cálidos pueden funcionar bien. Si tu enfoque es en la acción y la energía, colores más brillantes y audaces podrían ser mejores.

Tu actitud y la forma en que interactúas con tu audiencia también forman parte de tu marca personal. Desde el momento en que alguien entra a tu transmisión, estás creando una impresión. ¿Eres alguien amigable y accesible, o más serio y profesional? No hay una forma correcta o incorrecta de ser, pero sí es importante ser consistente. Si un día eres extremadamente entusiasta y al siguiente te muestras distante o desinteresado, eso puede confundir a tu audiencia. La consistencia en tu comportamiento ayuda a establecer expectativas claras y a construir confianza con las personas que te siguen.

Otra parte importante de tu marca personal es tu historia. A las personas les encanta conectarse con historias auténticas, y compartir un poco de quién eres puede hacer que se sientan más cercanas a ti. Tal vez comenzaste a transmitir porque siempre soñaste con entretener a otros, o porque querías compartir tus habilidades en algo que amas. Sea lo que sea, no tengas miedo de ser vulnerable y genuino al contar tu historia. Esto te humaniza y hace que la gente quiera apoyarte no solo por tu contenido, sino también por quién eres.

Además, piensa en los valores que quieres transmitir como streamer. Estos valores serán la base de la comunidad que construirás. Por ejemplo, si valoras el respeto y la inclusión, deja eso claro desde el principio y modera tu chat para asegurarte de que todos sigan esas reglas. Si quieres promover la diversión y la creatividad, crea un espacio donde las personas se sientan cómodas participando y compartiendo ideas. Tus valores no solo te ayudarán a atraer a las personas correctas, sino que también harán que se queden y se conviertan en seguidores leales.

Por último, recuerda que tu marca personal es algo vivo, que puede y debe evolucionar con el tiempo. Al principio, es posible que no tengas todo claro, y está bien. Con cada transmisión, aprenderás más sobre ti mismo, sobre lo que funciona y sobre lo que tu audiencia disfruta. No tengas miedo de ajustar tu marca a medida que creces como streamer. Lo importante es mantener la autenticidad y la conexión con tu comunidad.

Diseñar tu marca personal no es algo que suceda de la noche a la mañana, pero cada pequeño paso que tomes en la dirección correcta te acercará más a tu objetivo. Sé auténtico, consistente y enfócate en lo que te hace único. Cuando logras que tu marca personal sea un reflejo genuino de quién eres, no solo atraerás a la audiencia correcta, sino que también disfrutarás mucho más el proceso de ser streamer.

Construyendo tu Configuración Técnica

Cuando decides adentrarte en el mundo del streaming, tener una buena configuración técnica es clave para ofrecer una experiencia agradable a tu audiencia. La configuración técnica no solo se trata del equipo que usas, sino también de cómo lo configuras para que todo funcione de manera fluida y profesional. No te preocupes, no necesitas ser un experto en tecnología para lograrlo. Con un poco de paciencia y siguiendo los pasos correctos, puedes construir una configuración sólida, incluso con un presupuesto limitado. En este capítulo, exploraremos cómo armar y optimizar tu configuración técnica para empezar a transmitir con éxito.

El primer componente esencial de tu configuración técnica es el dispositivo desde el que transmitirás. Si estás usando una computadora, asegúrate de que tenga suficiente potencia para manejar tanto el juego o actividad que realizarás como el software de streaming. Idealmente, tu computadora debería tener al menos un procesador de cuatro núcleos, 8 GB de RAM y una tarjeta gráfica decente si planeas transmitir videojuegos. Si no tienes una PC potente, no te preocupes, también puedes transmitir desde una consola como PlayStation o Xbox, que ofrecen herramientas integradas para hacer streaming directamente.

Una vez que tengas tu dispositivo listo, el siguiente paso es configurar tu conexión a internet. El streaming requiere una conexión estable y con una velocidad de subida adecuada. Revisa tu velocidad de internet con herramientas como Speedtest y asegúrate de que tengas al menos 5 Mbps de subida. Si es posible, conecta tu dispositivo directamente al módem usando un cable Ethernet en lugar de depender del wifi. Esto reducirá la posibilidad de cortes o problemas de estabilidad durante tus transmisiones.

Ahora hablemos de la cámara. Una buena cámara no tiene que ser cara, pero sí debe ofrecer una imagen clara para que tu audiencia pueda verte con nitidez. Una webcam que grabe en 720p o 1080p es más que suficiente para empezar. Si no puedes comprar una cámara de inmediato, algunos teléfonos inteligentes tienen cámaras excelentes que puedes usar como webcam conectándolos a tu computadora con aplicaciones específicas. Además, asegúrate de colocar la cámara a la altura de tus ojos o un poco por encima, ya que esto ofrece un ángulo más favorecedor y profesional.

El siguiente paso es el audio. Tu voz es una de las herramientas más importantes como streamer, así que necesitas asegurarte de que se escuche claramente. Un micrófono USB de buena calidad es una excelente inversión. Hay opciones económicas que ofrecen un sonido nítido sin necesidad de un equipo adicional. Si tu presupuesto es ajustado, puedes empezar con los auriculares que ya tengas, pero recuerda que mejorar la calidad del audio debe ser una prioridad a medida que crezcas. También, es buena idea aprender a ajustar el volumen y eliminar ruidos de fondo usando el software de streaming o programas adicionales.

El software de streaming es el corazón de tu configuración técnica. Hay varias opciones gratuitas, como OBS Studio y Streamlabs. Estas herramientas te permiten capturar y transmitir lo que aparece en tu pantalla, manejar el audio y agregar elementos visuales como overlays, alertas y gráficos.

OBS Studio es una opción popular porque es liviano y personalizable, pero puede requerir algo de tiempo para familiarizarte con sus funciones. Por otro lado, Streamlabs ofrece una interfaz más amigable para principiantes, con muchas plantillas prediseñadas que facilitan la personalización de tu canal.

Una vez que tengas el software instalado, es momento de configurarlo. Lo primero que debes hacer es ajustar la resolución y la tasa de bits de tu transmisión. Si tu conexión a internet es rápida y estable, puedes optar por transmitir en 1080p a 60 cuadros por segundo. Sin embargo, si tu conexión es limitada, considera reducir la resolución a 720p para evitar cortes o retrasos. Experimenta con estos ajustes y realiza transmisiones de prueba para encontrar el equilibrio ideal entre calidad de imagen y estabilidad.

La iluminación también es un aspecto importante de tu configuración técnica. No necesitas luces costosas para empezar, pero sí debes asegurarte de que tu rostro esté bien iluminado. Coloca una lámpara frente a ti, pero evita que apunte directamente a tu cara para no crear sombras fuertes. Si transmites durante el día, aprovecha la luz natural colocando tu escritorio cerca de una ventana. Si decides invertir en iluminación más adelante, las luces tipo aro son una excelente opción económica y efectiva.

Otro componente técnico que a menudo se pasa por alto es el entorno en el que transmitirás. Procura tener un espacio limpio y organizado que sea visualmente atractivo para tu audiencia. Puedes agregar elementos decorativos que reflejen tu personalidad, como pósters, figuras o libros, pero evita que el fondo se vea demasiado saturado o desordenado. También, intenta reducir los ruidos externos cerrando puertas y ventanas o utilizando cortinas gruesas que ayuden a bloquear el sonido.

Por último, realiza pruebas regulares de tu configuración técnica antes de cada transmisión. Asegúrate de que todo funcione correctamente: verifica que la cámara esté encendida, el micrófono conectado, el software configurado y la conexión a internet estable. Estas pruebas te ayudarán a evitar sorpresas desagradables durante el streaming y a ofrecer una experiencia más profesional a tu audiencia.

Construir tu configuración técnica puede parecer abrumador al principio, pero no necesitas tener todo perfecto desde el inicio. Comienza con lo que tienes, mejora gradualmente y aprende en el camino. La clave es ser constante, estar dispuesto a experimentar y no tener miedo de pedir ayuda o buscar tutoriales cuando lo necesites. Con tiempo y dedicación, tu configuración técnica será una herramienta poderosa para conectar con tu audiencia y llevar tus transmisiones al siguiente nivel.

Paulette Durand

Las Mejores Plataformas para Streamers

Cuando decides convertirte en streamer, una de las primeras elecciones que debes hacer es dónde transmitirás tu contenido. Esto puede parecer sencillo, pero es una decisión importante, ya que cada plataforma tiene sus propias características, audiencias y ventajas. Elegir la plataforma adecuada para ti puede marcar una gran diferencia en cómo creces como streamer y cómo interactúas con tu comunidad. En este capítulo, exploraremos las plataformas de streaming más populares y te ayudaremos a entender cuál podría ser la mejor para tus objetivos.

La primera plataforma que la mayoría de la gente piensa cuando hablamos de streaming es Twitch. Twitch es, sin duda, el gigante del mundo del streaming, especialmente si planeas transmitir videojuegos. Esta plataforma cuenta con millones de usuarios activos diariamente y una comunidad muy involucrada. Twitch te ofrece muchas herramientas para crecer como creador de contenido, incluyendo la posibilidad de obtener ingresos a través de suscripciones, donaciones y anuncios. Sin embargo, también es una plataforma muy competitiva, lo que significa que destacar puede llevar tiempo y esfuerzo. Si te gusta la idea de ser parte de una comunidad de jugadores apasionados y estás dispuesto a construir tu audiencia desde cero, Twitch podría ser tu mejor opción.

Otra plataforma importante es YouTube. A diferencia de Twitch, YouTube es conocida principalmente por su contenido en video bajo demanda, pero también ofrece opciones para hacer transmisiones en vivo. Una de las ventajas de YouTube es que combina lo mejor de ambos mundos: puedes transmitir en vivo y luego mantener el contenido en tu canal para que las personas lo vean más tarde. Esto significa que tu trabajo no se pierde una vez que termina la transmisión. Además, YouTube tiene una audiencia muy diversa, lo que lo convierte en una excelente opción si planeas transmitir algo más que videojuegos, como tutoriales, charlas o arte. La monetización en YouTube también es accesible una vez que cumples con ciertos requisitos, como alcanzar mil suscriptores y un número específico de horas vistas.

Si prefieres una plataforma que combine entretenimiento con redes sociales,

Facebook Gaming podría ser una buena alternativa. Facebook tiene una enorme base de usuarios globales, y Facebook Gaming te permite aprovechar eso al conectar tus transmisiones directamente con tu perfil o página. Esto puede ser útil si ya tienes amigos, familiares o seguidores interesados en tu contenido. Una ventaja de Facebook Gaming es que es relativamente fácil comenzar a construir una audiencia, especialmente si usas las herramientas de la plataforma para compartir y promover tus transmisiones. Sin embargo, debes tener en cuenta que la calidad de video puede no ser tan alta como en otras plataformas, y algunos streamers han mencionado que el crecimiento puede ser más lento después de un tiempo inicial prometedor.

Otra opción interesante es Trovo, una plataforma de streaming relativamente nueva pero en rápido crecimiento. Trovo se centra en la transmisión de videojuegos y ofrece una interfaz similar a Twitch, pero con menos competencia por el momento. Una de las características más atractivas de Trovo es su programa de incentivos para creadores, que recompensa a los streamers activos en función de las horas vistas y la participación de la audiencia. Si estás buscando una plataforma emergente donde sea más fácil destacar, Trovo podría ser una excelente opción para empezar.

Por otro lado, si tu contenido está más orientado hacia nichos específicos, como música, fitness o educación, plataformas como Instagram Live o TikTok Live pueden ser útiles. Estas plataformas son más informales y están diseñadas para interacciones rápidas y personales. Aunque no son ideales para transmisiones largas, pueden ser una herramienta poderosa para conectar con una audiencia más joven y expandir tu presencia en redes sociales. Si ya tienes seguidores en Instagram o TikTok, hacer transmisiones en vivo desde estas plataformas puede ayudarte a fortalecer tu marca personal.

Por último, no debemos olvidar las plataformas especializadas, como Mixer (antes de su cierre, aunque inspiró otras opciones) o DLive. Estas plataformas pueden no tener la misma cantidad de usuarios que Twitch o YouTube, pero ofrecen comunidades más pequeñas y cercanas, lo que puede ser atractivo si prefieres construir relaciones más personales con tu audiencia.

La elección de la plataforma adecuada depende de varios factores. Piensa en el tipo de contenido que planeas transmitir, en el público que quieres alcanzar y en tus objetivos como streamer. No hay una respuesta única para todos. Algunas personas comienzan en una plataforma y luego se expanden a otras, mientras que otras se especializan en una sola. No tengas miedo de experimentar y probar diferentes opciones al principio para ver cuál se siente más natural para ti.

Recuerda también que, independientemente de la plataforma que elijas, lo más importante es la consistencia y la calidad de tu contenido. La plataforma puede ser un buen punto de partida, pero lo que realmente hará que crezcas es cómo te conectas con tu audiencia y cómo haces que vuelvan por más. Elige la plataforma que mejor se adapte a ti, pero no olvides que tú eres la pieza clave de tu éxito como streamer. Con dedicación y esfuerzo, puedes destacar en cualquier lugar donde decidas transmitir.

Paulette Durand

Algoritmos y Visibilidad

Entender cómo funcionan los algoritmos y cómo influyen en tu visibilidad es crucial si quieres destacar como streamer. Los algoritmos son como cerebros automatizados que deciden qué contenido se muestra a las personas en una plataforma. Su trabajo es conectar a los usuarios con el contenido que probablemente les interese más. Esto significa que, como creador, necesitas aprender cómo funcionan estos sistemas para que tu contenido sea recomendado a más personas y puedas crecer.

Cada plataforma de streaming tiene su propio algoritmo. Twitch, por ejemplo, organiza a los streamers según la cantidad de espectadores que tienen en vivo. Esto significa que, si estás empezando y tienes pocos espectadores, probablemente te encuentres en la parte inferior de las listas de juegos o categorías. En otras palabras, en Twitch, la visibilidad inicial puede ser un reto porque el algoritmo favorece a quienes ya tienen más audiencia. Sin embargo, eso no significa que sea imposible crecer. La clave está en trabajar en cómo atraer tus primeros espectadores y mantenerlos interesados para que te ayuden a subir en esas listas.

YouTube, por otro lado, funciona de manera un poco diferente. Su algoritmo presta mucha atención al tiempo que las personas pasan viendo tu contenido y a cuánto interactúan con él. Por ejemplo, si alguien ve tu transmisión en vivo o tus videos grabados durante mucho tiempo, YouTube considera que tu contenido es interesante y se lo mostrará a más personas. Además, factores como los títulos, las descripciones, las etiquetas y las miniaturas juegan un papel muy importante. En YouTube, tu habilidad para optimizar estos elementos puede hacer una gran diferencia en cuántas personas encuentran tu contenido.

Facebook Gaming combina el poder de su algoritmo con las conexiones sociales. Esto significa que, si alguien interactúa con tu transmisión, como dejando un comentario o compartiéndola, el algoritmo la mostrará a sus amigos y a otras personas con intereses similares. Por eso es importante alentar a tu audiencia a interactuar contigo. Pídeles que comenten, reaccionen o compartan tu transmisión, ya que cada una de estas acciones te ayudará a ganar más visibilidad dentro de la plataforma.

TikTok Live e Instagram Live operan de manera diferente porque están diseñados para mostrar contenido a los usuarios de manera rápida y en formatos cortos. En estas plataformas, el algoritmo prioriza las interacciones rápidas y la retención de audiencia. Por ejemplo, si las personas permanecen viendo tu transmisión por más de unos segundos, el algoritmo pensará que tu contenido es bueno y lo promocionará a más usuarios. En estas plataformas, tu energía, creatividad y capacidad para captar la atención rápidamente son factores determinantes para que el algoritmo te favorezca.

Entonces, ¿qué puedes hacer para que los algoritmos trabajen a tu favor? Primero, enfócate en crear contenido constante. Los algoritmos valoran a los creadores que transmiten regularmente porque esto les da más datos para analizar y promover tu trabajo. Decide un horario y cúmplelo, ya que esto no solo ayuda al algoritmo, sino también a tu audiencia, que sabrá cuándo esperarte en vivo.

Otro aspecto importante es la interacción con tu audiencia. Cada vez que alguien comenta, da like, comparte o se suscribe a tu canal, estás enviando señales al algoritmo de que tu contenido es valioso. Haz preguntas a tus espectadores, responde a sus comentarios y crea momentos que los motiven a interactuar contigo. Por ejemplo, puedes usar encuestas, hacer preguntas divertidas o incluso realizar pequeños sorteos para mantener la participación activa.

Optimizar tu contenido también es esencial. Piensa cuidadosamente en los títulos que usas para tus transmisiones, ya que estos son una de las primeras cosas que las personas ven. Un buen título debe ser claro, atractivo y relevante para el tipo de contenido que ofreces. En plataformas como YouTube, las miniaturas también son fundamentales. Diseña imágenes que llamen la atención pero que sean coherentes con tu marca y estilo.

Además, aprovecha las tendencias y categorías populares en tu plataforma. En Twitch, por ejemplo, transmitir juegos o actividades que están en tendencia puede ayudarte a atraer más espectadores. Sin embargo, trata de balancear esto con la autenticidad de tu contenido. No te obligues a transmitir algo que no te interesa solo porque está de moda, ya que esto se notará y podría afectar la calidad de tus transmisiones.

Un truco importante es aprovechar las herramientas de análisis que muchas plataformas ofrecen. Estas herramientas te permiten ver qué contenido funciona mejor, en qué momentos tienes más espectadores y qué estrategias están dando resultados. Usa esta información para ajustar tu enfoque y mejorar constantemente.

Por último, recuerda que los algoritmos no son el único factor que determina tu éxito. Aunque es importante entenderlos y trabajar con ellos, lo más valioso siempre será tu conexión con la audiencia. Si logras crear contenido genuino, entretenido y relevante, las personas querrán regresar a tus transmisiones, y eso es algo que ningún algoritmo puede ignorar. Los algoritmos son una herramienta poderosa, pero el verdadero motor de tu crecimiento será siempre el valor que ofrezcas a quienes te ven. Con paciencia, esfuerzo y un enfoque estratégico, puedes hacer que estos sistemas jueguen a tu favor y te ayuden a alcanzar tus metas como streamer.

Paulette Durand

La Importancia del Networking

En el mundo del streaming, muchas veces se piensa que el éxito depende únicamente de la calidad de tu contenido o de cuántas horas transmites, pero hay un factor crucial que a menudo se pasa por alto: el networking. El networking, o crear conexiones con otras personas dentro de tu industria, es una de las herramientas más poderosas que puedes utilizar para hacer crecer tu carrera como streamer. No se trata solo de hablar con otros streamers o de participar en eventos, sino de construir relaciones genuinas y colaborativas que te ayuden a avanzar y a aprender en este competitivo mundo.

Cuando hablamos de networking en el streaming, nos referimos a conectar con otros creadores de contenido, tu audiencia, comunidades en línea y hasta con marcas o empresas relacionadas con tu nicho. Estas conexiones pueden abrirte puertas que serían difíciles de alcanzar por tu cuenta. Por ejemplo, colaborar con otros streamers te permite exponerte a nuevas audiencias que quizás nunca hubieran descubierto tu canal. Si trabajas con alguien que ya tiene una comunidad establecida, es posible que algunas de esas personas decidan seguirte porque comparten intereses similares o simplemente porque les gusta tu estilo.

Una de las mejores formas de hacer networking como streamer es participando en comunidades en línea relacionadas con tu contenido. Busca grupos en redes sociales, foros o servidores de Discord donde otros streamers y fans discutan sobre temas relevantes para ti. No entres con la mentalidad de autopromocionarte de inmediato, ya que eso puede alejar a las personas. En su lugar, enfócate en participar en las conversaciones, ofrecer tu opinión y mostrar interés genuino por lo que otros están haciendo. Con el tiempo, estas interacciones pueden llevar a colaboraciones, recomendaciones y amistades que enriquecerán tu experiencia como creador.

Otra forma efectiva de hacer networking es colaborando directamente con otros streamers. Las transmisiones conjuntas son una excelente manera de compartir audiencias y construir conexiones valiosas. Busca personas que estén en un nivel similar al tuyo en cuanto a seguidores, pero que tengan una vibra o estilo complementario. Antes de proponer una colaboración, tómate el tiempo para conocer su contenido y asegurarte de que sea una buena combinación. Cuando hagas la propuesta, sé claro y respetuoso. Explícales por qué crees que trabajar juntos podría ser beneficioso para ambos, y asegúrate de que la experiencia sea equilibrada y divertida.

El networking también incluye construir una relación sólida con tu propia audiencia. Tus espectadores no solo son números en una estadística; son personas reales que deciden pasar su tiempo contigo porque disfrutan lo que haces. Hablar con ellos, responder a sus comentarios y escuchar sus ideas crea una conexión que va más allá de la pantalla. Además, tus seguidores pueden convertirse en embajadores de tu marca personal al recomendar tu canal a sus amigos o compartir tus transmisiones en sus propias redes.

Además, no subestimes el poder de conectar con marcas y patrocinadores. Muchas empresas buscan streamers para promocionar sus productos o servicios, y construir relaciones con ellas puede ser una fuente importante de ingresos y oportunidades. Sin embargo, es importante abordar esto con cuidado. No te apresures a aceptar cualquier acuerdo solo por dinero. Asegúrate de que las marcas con las que trabajas se alineen con tus valores y el contenido que ofreces. Una relación auténtica con una marca es mucho más valiosa que aceptar cualquier oferta que no se sienta correcta para ti.

Los eventos y convenciones también son lugares ideales para hacer networking. Si tienes la oportunidad de asistir a ferias de videojuegos, convenciones de streaming o reuniones locales de creadores, aprovéchala. Estos eventos son perfectos para conocer a otros streamers, hablar directamente con representantes de plataformas y marcas, y aprender de los expertos. No tengas miedo de acercarte a otros y presentarte. Muchas de las personas que asisten a estos eventos están allí por las mismas razones que tú, y es una gran oportunidad para construir conexiones cara a cara.

Por último, recuerda que el networking no se trata solo de lo que puedes obtener, sino también de lo que puedes ofrecer. Ser generoso con tu tiempo y conocimiento puede ayudarte a construir relaciones más sólidas. Si conoces a alguien que necesita ayuda con algo que tú ya dominas, ofrécete a echarle una mano. Estas pequeñas acciones pueden marcar una gran diferencia y crear la base para relaciones duraderas.

El networking es una inversión a largo plazo. Los resultados no siempre serán inmediatos, pero las conexiones que construyas pueden tener un impacto significativo en tu carrera. Ya sea que colabores con otros streamers, construyas una relación con tus seguidores o trabajes con marcas, el networking te ayudará a ampliar tu alcance, aprender nuevas habilidades y crecer tanto personal como profesionalmente. No subestimes el poder de una conversación, una colaboración o incluso un simple mensaje de apoyo. A menudo, las oportunidades más grandes comienzan con pequeños gestos. Si te enfocas en construir relaciones auténticas y valiosas, estarás abriendo las puertas a un mundo de posibilidades en el streaming.

Creando Contenido de Calidad

Crear contenido de calidad es el corazón de cualquier canal de streaming exitoso. Sin importar cuántos seguidores tengas o cuántas horas transmitas, si tu contenido no es atractivo, es poco probable que las personas vuelvan a verte. Pero, ¿qué significa exactamente contenido de calidad? ¿Es tener gráficos impresionantes? ¿Una voz clara? ¿O simplemente elegir los juegos más populares? La realidad es que contenido de calidad combina varios elementos que, juntos, hacen que las personas quieran quedarse contigo y, aún más importante, volver una y otra vez.

Lo primero que debes tener en cuenta al crear contenido de calidad es que no se trata solo de lo que haces, sino de cómo lo haces. Por ejemplo, si decides jugar un videojuego muy popular, no basta con simplemente transmitirlo. Miles de personas están haciendo exactamente lo mismo. La pregunta que debes hacerte es: ¿qué puedo ofrecer yo que sea diferente? Puede ser tu sentido del humor, la forma en que interactúas con tu audiencia, o incluso un enfoque único para jugar ese juego. Lo importante es encontrar tu estilo personal, algo que te haga destacar entre la multitud.

Otro aspecto crucial es la consistencia en la calidad técnica de tus transmisiones. Nadie quiere ver un streaming con mala resolución, un sonido lleno de estática o una cámara que se congela cada dos minutos. Asegúrate de que tu configuración técnica esté funcionando correctamente antes de cada transmisión. Esto incluye verificar que tu micrófono esté bien calibrado, que tu cámara tenga buena iluminación y que tu conexión a internet sea lo suficientemente estable para evitar interrupciones. No necesitas el equipo más caro del mercado, pero sí debes usarlo de manera eficiente para ofrecer la mejor experiencia posible a tu audiencia.

El contenido de calidad también implica un nivel de planificación y preparación. No es necesario que tengas un guion rígido para cada transmisión, pero tener una idea clara de lo que quieres hacer o decir puede marcar una gran diferencia. Si estás jugando, decide de antemano qué objetivos quieres lograr durante la transmisión. Si estás haciendo un "just chatting" o charlando con tu audiencia, piensa en algunos temas interesantes para discutir. La improvisación tiene su lugar, pero estar preparado demuestra que respetas el tiempo de tus espectadores y que te tomas en serio lo que haces.

Otro factor importante es la interacción con tu audiencia. En un entorno donde hay millones de creadores compitiendo por atención, lo que realmente puede hacerte destacar es la conexión que logras establecer con las personas que te ven. Tómate el tiempo para leer y responder comentarios, haz preguntas, y encuentra maneras de incluir a tus espectadores en lo que estás haciendo. Por ejemplo, si estás jugando un juego, puedes pedirles que te den consejos o que elijan qué decisiones tomar. Este tipo de interacción no solo hace que tu contenido sea más dinámico, sino que también crea un sentido de comunidad que hará que las personas se sientan valoradas y quieran regresar.

La variedad también es clave cuando hablamos de contenido de calidad. Aunque es importante tener un nicho y un estilo propio, ofrecer diferentes tipos de contenido puede mantener las cosas interesantes tanto para ti como para tu audiencia. Por ejemplo, si normalmente juegas un juego en particular, podrías alternar entre eso y transmisiones donde simplemente hables sobre temas de interés, reacciones a videos o incluso explores otros juegos. Esto no significa que debas alejarte por completo de lo que define tu canal, pero experimentar con nuevos formatos puede ayudarte a descubrir qué resuena mejor con tu comunidad.

La autenticidad es otro componente fundamental del contenido de calidad. Las personas pueden notar cuando alguien no está siendo genuino, y esto puede ser un gran desvío. No trates de copiar exactamente lo que hacen otros streamers exitosos pensando que eso garantizará tu éxito. Lo que funciona para ellos puede no funcionar para ti, y lo que realmente atrae a la gente es tu personalidad y la energía que traes a cada transmisión. Sé tú mismo, incluso si eso significa cometer errores o mostrar vulnerabilidad de vez en cuando. Las personas valoran la honestidad y la autenticidad más de lo que podrías pensar.

Además, no subestimes el impacto de los detalles visuales. Elementos como overlays, transiciones y gráficos personalizados pueden mejorar significativamente la apariencia de tus transmisiones. No es necesario que seas un experto en diseño gráfico para lograr esto. Hoy en día, hay muchas herramientas y plantillas accesibles que puedes usar para darle un toque profesional a tu contenido. Sin embargo, asegúrate de que estos elementos no distraigan del contenido principal. El diseño debe complementar tu transmisión, no dominarla.

Finalmente, nunca dejes de aprender y mejorar. Crear contenido de calidad no es un destino, es un proceso continuo. Escucha a tu audiencia, analiza lo que funciona y lo que no, y busca maneras de mejorar. Puedes aprender mucho viendo a otros streamers, leyendo sobre nuevas tendencias o experimentando con diferentes ideas. Mantente siempre abierto al cambio y dispuesto a adaptarte a lo que tu audiencia valora.

Crear contenido de calidad es un esfuerzo constante que requiere tiempo, dedicación y una buena dosis de creatividad. Pero si te comprometes a hacerlo, los resultados hablarán por sí mismos. Las personas apreciarán el esfuerzo que pones en cada transmisión, y eso se traducirá en más espectadores, más interacciones y una comunidad más fuerte. Al final del día, el contenido de calidad no solo beneficia a tu canal, sino que también hace que la experiencia sea más gratificante y divertida para ti.

Paulette Durand

Monetización Inteligente

Monetizar tu canal de streaming puede ser una de las partes más emocionantes y desafiantes de esta carrera. Es el momento en el que todo tu esfuerzo comienza a transformarse en ingresos reales. Sin embargo, la monetización inteligente no es solo sobre ganar dinero, sino sobre hacerlo de manera sostenible, ética y efectiva. Muchos streamers cometen el error de apresurarse en buscar ingresos antes de consolidar su audiencia o de aceptar cualquier tipo de oferta sin considerar cómo afecta a su contenido y a su comunidad. En este capítulo, exploraremos cómo puedes monetizar tu canal de forma estratégica y equilibrada.

El primer paso para una monetización inteligente es entender que tu audiencia es la base de tus ingresos. Sin espectadores comprometidos, no importa cuántas opciones de monetización ofrezcas, los resultados serán limitados. Antes de enfocarte en el dinero, asegúrate de construir una comunidad sólida que valore tu contenido y disfrute interactuando contigo. Cuanto más involucrados estén tus seguidores, más dispuestos estarán a apoyarte económicamente.

Una de las formas más comunes de empezar a monetizar un canal es a través de las plataformas mismas. Por ejemplo, Twitch, YouTube y Facebook Gaming ofrecen programas de socios y afiliados que te permiten ganar dinero con suscripciones, anuncios y donaciones. Para calificar, generalmente necesitas alcanzar ciertos requisitos como un número mínimo de seguidores, horas transmitidas o visualizaciones. Este es un primer paso excelente porque te permite comenzar a generar ingresos directamente desde la plataforma sin necesidad de buscar fuentes externas.

Las suscripciones son una herramienta poderosa para monetizar tu contenido. Cuando las personas se suscriben a tu canal, no solo te apoyan económicamente, sino que también se sienten parte de algo especial. Para incentivar las suscripciones, ofrece beneficios exclusivos como emotes personalizados, acceso a contenido adicional o interacciones más cercanas. Es importante que estos beneficios sean valiosos, pero no tan complicados de manejar que te abrumen. Recuerda que estás ofreciendo un valor agregado, no un servicio adicional que consuma todo tu tiempo.

Otra fuente clave de ingresos son las donaciones. Muchas plataformas permiten que los espectadores envíen dinero directamente a los streamers durante las transmisiones. Esto puede ser una forma increíblemente motivadora de recibir apoyo de tu comunidad. Asegúrate de agradecer a cada persona que haga una donación, ya sea grande o pequeña, y de crear un ambiente donde las personas sientan que sus contribuciones son apreciadas. Incluso puedes hacer dinámicas como leer mensajes en vivo o poner sus nombres en pantalla para hacer que el acto sea más interactivo y personal.

El contenido patrocinado es otra gran oportunidad para monetizar tu canal, pero debe manejarse con cuidado. Las marcas pueden acercarse a ti para que promociones sus productos o servicios, lo que puede ser muy rentable si lo haces de la manera correcta. Antes de aceptar cualquier patrocinio, evalúa si el producto o servicio se alinea con tu audiencia y tus valores. Promover algo que no tiene sentido para tu comunidad puede generar desconfianza y dañar tu reputación. En cambio, busca asociaciones auténticas que enriquezcan la experiencia de tus seguidores.

El merchandising es una opción excelente para streamers que tienen una base de fans leal. Diseñar y vender productos como camisetas, tazas, gorras o pegatinas con tu marca o frases populares de tu canal puede ser tanto una fuente de ingresos como una forma de fortalecer tu conexión con tu audiencia. Sin embargo, asegúrate de ofrecer productos de calidad y de manejar los pedidos de manera profesional. Un mal servicio puede afectar negativamente tu relación con los fans.

Los programas de afiliados son otra opción interesante. En lugar de promover productos directamente, puedes ganar una comisión por cada venta realizada a través de tus enlaces de afiliado. Esto es particularmente útil si tu contenido incluye recomendaciones de productos, como equipo de juego, software o accesorios. Por ejemplo, si usas un micrófono en particular y hablas sobre él en tus transmisiones, puedes incluir un enlace de afiliado para que las personas lo compren, y ganarás una parte de esa venta.

También es importante diversificar tus fuentes de ingresos. No pongas todos tus huevos en una sola canasta. Si solo dependes de una plataforma o de un método de monetización, corres el riesgo de que un cambio en las políticas o una caída en la audiencia afecte gravemente tus finanzas. Combinar varias estrategias, como suscripciones, donaciones, patrocinios y merchandising, te da mayor estabilidad y flexibilidad.

La monetización inteligente también significa tener un control claro sobre tus finanzas. Lleva un registro de cuánto ganas y en qué lo gastas. Muchos streamers invierten una parte de sus ingresos en mejorar su equipo o en contratar servicios que los ayuden a crecer, como diseñadores gráficos o editores de video. Este tipo de reinversión puede ser clave para escalar tu canal y atraer a más seguidores.

Finalmente, nunca olvides que la confianza de tu audiencia es invaluable. No sacrifiques la calidad de tu contenido ni la relación con tus seguidores por dinero rápido. La transparencia es fundamental; si estás haciendo contenido patrocinado o promoviendo productos, sé honesto sobre ello. Cuando las personas sienten que pueden confiar en ti, están más dispuestas a apoyarte de formas que beneficien a ambos.

Monetizar tu canal es un proceso emocionante, pero requiere estrategia y cuidado. Al enfocarte en construir una comunidad sólida, diversificar tus ingresos y mantener la autenticidad, puedes convertir tu pasión por el streaming en una carrera sostenible y gratificante. Recuerda que el éxito no ocurre de la noche a la mañana, pero con esfuerzo constante y decisiones inteligentes, puedes alcanzar tus metas financieras sin comprometer la calidad de tu contenido ni la conexión con tu audiencia.

Gestionando el Estrés y las Críticas

Gestionar el estrés y las críticas es una habilidad esencial para cualquier streamer. Aunque el streaming puede parecer un trabajo divertido y emocionante, también puede ser muy exigente a nivel mental y emocional. Las largas horas frente a la cámara, la presión para mantener a la audiencia entretenida y las inevitables críticas que surgen en internet pueden llegar a afectar tu bienestar. Por eso, aprender a manejar estas situaciones es tan importante como cualquier otra habilidad técnica o creativa que puedas desarrollar.

El estrés en el streaming puede provenir de muchas fuentes. Quizás te sientas presionado por mantener un horario constante, mejorar tus métricas o alcanzar ciertos objetivos financieros. Incluso cosas aparentemente pequeñas, como problemas técnicos inesperados, pueden sumarse y hacer que te sientas abrumado. Una de las mejores maneras de lidiar con el estrés es aprender a priorizar. Recuerda que no puedes controlarlo todo y que no necesitas ser perfecto. Es normal cometer errores y enfrentarte a desafíos. Lo importante es mantener una mentalidad flexible y aprender de cada situación.

Establecer límites claros también es crucial para manejar el estrés. Por ejemplo, decide cuántas horas a la semana transmitirás y respeta ese horario. Aunque puede ser tentador hacer más transmisiones para tratar de aumentar tus números, es importante que también te des tiempo para descansar y desconectarte. Dedica tiempo a actividades fuera del streaming, como pasar tiempo con amigos o familiares, practicar algún deporte o simplemente relajarte viendo una película. Estas pausas no solo te ayudarán a recargar energías, sino que también mejorarán la calidad de tus transmisiones al permitirte estar más enfocado y motivado.

Otro factor importante es aprender a reconocer las señales de estrés en tu cuerpo y mente. Si notas que estás más irritable, tienes problemas para dormir o te sientes agotado constantemente, es posible que necesites hacer ajustes en tu rutina. Hablar con alguien de confianza o incluso buscar ayuda profesional puede ser muy útil si sientes que el estrés está afectando tu bienestar. No hay nada de malo en pedir ayuda; de hecho, demuestra que estás comprometido con cuidar de ti mismo para poder dar lo mejor de ti a tu audiencia.

Las críticas son otra parte inevitable de ser streamer. Internet es un lugar donde todo el mundo tiene una opinión, y no todas serán amables o constructivas. Al principio, puede ser difícil no tomar las críticas de manera personal, especialmente cuando has puesto tanto esfuerzo en tu contenido. Sin embargo, es importante recordar que no todas las críticas tienen el mismo peso. Aprende a diferenciar entre críticas constructivas y comentarios malintencionados. Las críticas constructivas pueden ser útiles para mejorar tu contenido, mientras que los comentarios negativos sin fundamento deben ser ignorados.

Cuando recibas una crítica constructiva, tómate un momento para analizarla. Pregúntate si hay algo que puedas aprender de ese comentario y, si es así, considera cómo podrías aplicarlo a tus transmisiones. Por ejemplo, si alguien menciona que tu audio está bajo o que tus interacciones con la audiencia podrían mejorar, utiliza esa información como una oportunidad para crecer. Por otro lado, si alguien simplemente está siendo hiriente o grosero, recuerda que esos comentarios dicen más sobre esa persona que sobre ti. No dejes que esas palabras te afecten emocionalmente.

Una estrategia efectiva para lidiar con las críticas malintencionadas es establecer reglas claras en tu canal y hacer uso de los moderadores. Estas personas pueden ayudarte a mantener un ambiente positivo eliminando comentarios inapropiados y bloqueando a usuarios tóxicos. Esto no solo te protegerá a ti, sino que también hará que tu comunidad sea un lugar más agradable para todos. Además, tener un equipo de moderadores confiables te permite concentrarte en lo que realmente importa: crear contenido y conectarte con tu audiencia.

Practicar el autocuidado emocional también es fundamental. Encuentra maneras de liberar el estrés y procesar las emociones que surgen del streaming. Puede ser a través del ejercicio, la meditación, la escritura en un diario o incluso simplemente hablando con alguien en quien confíes. Estas actividades te ayudarán a mantener un equilibrio emocional y a enfrentar los desafíos con más resiliencia. Además, recuerda celebrar tus logros, por pequeños que sean. Apreciar tus propios esfuerzos es una manera poderosa de mantenerte motivado y de recordarte por qué comenzaste en el mundo del streaming.

La mentalidad es otro factor clave. En lugar de ver las críticas o el estrés como algo negativo, trata de cambiar tu perspectiva. El estrés puede ser una señal de que te importa lo que haces y de que estás trabajando duro para alcanzar tus metas. Las críticas constructivas son oportunidades para aprender y mejorar, mientras que los comentarios negativos sin fundamento pueden ser ignorados porque no tienen un impacto real en tu valor como creador.

Por último, no olvides que el streaming debe ser algo que disfrutes. Si en algún momento sientes que el estrés o las críticas están robando la alegría de lo que haces, detente y evalúa tu situación. Tal vez necesites ajustar tus metas, cambiar tu enfoque o tomarte un descanso. El streaming es un maratón, no una carrera de velocidad, y tu bienestar debe ser siempre una prioridad.

Gestionar el estrés y las críticas no es fácil, pero es una habilidad que se puede desarrollar con el tiempo. Al enfocarte en lo que puedes controlar, rodearte de personas que te apoyen y mantener una perspectiva positiva, puedes superar estos desafíos y disfrutar plenamente de tu camino como streamer. Recuerda que cada obstáculo es una oportunidad para crecer y que el éxito no se trata de no enfrentar dificultades, sino de aprender a manejarlas con gracia y determinación.

Paulette Durand

Superar el Estancamiento

Superar el estancamiento es uno de los mayores desafíos para cualquier streamer. Todos en algún momento sienten que no avanzan, que las métricas no mejoran o que su contenido ya no conecta como antes con la audiencia. Este sentimiento puede ser frustrante y desmotivador, pero lo importante es entender que el estancamiento es parte del proceso y no el final del camino. En este capítulo, exploraremos cómo identificar las causas del estancamiento y las estrategias para superarlo.

El primer paso para superar el estancamiento es analizar tu situación de manera objetiva. Es fácil caer en pensamientos negativos cuando sientes que no estás progresando, pero en lugar de dejarte llevar por la frustración, haz una revisión detallada de tu contenido y tus métricas. Pregúntate qué podría estar afectando tu crecimiento. ¿Tus horarios son inconsistentes? ¿Has cambiado algo en tu estilo que podría haber alejado a tu audiencia? ¿El nicho en el que trabajas está saturado o ha perdido relevancia? Responder estas preguntas puede darte pistas sobre dónde necesitas hacer ajustes.

Una de las razones más comunes por las que los streamers se estancan es la falta de innovación. Puede que te hayas acostumbrado a un formato o estilo de contenido que funcionó bien en el pasado, pero que ahora ya no genera el mismo interés. Internet está en constante evolución, y el público siempre busca algo fresco y emocionante. Considera probar cosas nuevas. Puede ser cambiar el tipo de juegos que transmites, añadir secciones interactivas con la audiencia, colaborar con otros creadores o incluso explorar nuevos nichos. El cambio puede ser intimidante, pero también puede abrirte puertas a nuevas oportunidades.

Otro factor importante es la interacción con tu comunidad. Si notas que tu audiencia ya no está tan comprometida como antes, evalúa cómo estás conectando con ellos. Tal vez necesitas dedicar más tiempo a leer comentarios, responder preguntas en vivo o hacer encuestas para entender mejor lo que quieren ver. Crear una comunidad fuerte no se trata solo de transmitir contenido, sino de construir relaciones auténticas. Cuando las personas sienten que son parte de algo especial, es más probable que permanezcan y recomienden tu canal a otros.

La consistencia es otro elemento clave para superar el estancamiento. Muchas veces, los streamers pierden tracción porque no mantienen un horario regular. Si transmites de manera aleatoria, es difícil para tu audiencia saber cuándo estará disponible tu contenido. Establece un horario claro y cúmplelo. Esto no solo ayuda a tus seguidores a planificar su tiempo, sino que también demuestra que eres comprometido y profesional.

Las colaboraciones son una estrategia poderosa para salir del estancamiento. Trabajar con otros streamers te permite llegar a nuevas audiencias y aprender de sus experiencias. Busca personas que compartan tus intereses o que tengan una audiencia similar a la tuya. Pueden hacer transmisiones conjuntas, participar en desafíos o simplemente promocionarse mutuamente. Las colaboraciones no solo son útiles para el crecimiento, sino que también hacen que el proceso sea más divertido y enriquecedor.

Si bien las métricas son importantes, no te obsesiones con ellas. Es fácil caer en la trampa de medir tu éxito solo por el número de seguidores, vistas o ingresos. Sin embargo, estos números no siempre reflejan el impacto real de tu trabajo. Concéntrate en lo que puedes controlar, como la calidad de tu contenido y la relación con tu comunidad. A menudo, un pequeño cambio en tu mentalidad puede marcar una gran diferencia en cómo enfrentas el estancamiento.

El estancamiento también puede ser una señal de que necesitas un descanso. Transmitir constantemente sin darte tiempo para recargar energías puede llevarte al agotamiento. A veces, alejarte por unos días o semanas puede ayudarte a volver con una perspectiva renovada y nuevas ideas. Durante este tiempo, reflexiona sobre lo que realmente te apasiona del streaming y cómo puedes volver a conectar con esa motivación inicial.

Además, invierte tiempo en aprender y mejorar tus habilidades. Puede ser mejorar tu manejo técnico, como la edición de video o el diseño gráfico, o trabajar en tus habilidades de comunicación y entretenimiento. También puedes investigar qué están haciendo otros streamers exitosos en tu nicho. No se trata de copiar, sino de inspirarte y adaptar lo que funcione para ti.

Por último, mantén una mentalidad positiva. El estancamiento no significa que hayas fallado, sino que estás en una etapa de transición. Cada creador enfrenta desafíos en su camino, pero lo que marca la diferencia es cómo decides enfrentarlos. En lugar de ver el estancamiento como un obstáculo, míralo como una oportunidad para reinventarte y crecer.

Superar el estancamiento no es algo que suceda de la noche a la mañana, pero con paciencia, creatividad y esfuerzo constante, puedes salir de esa etapa más fuerte y mejor preparado para alcanzar tus metas. Recuerda que el éxito en el streaming es un maratón, no una carrera de velocidad. Lo importante es seguir avanzando, incluso cuando el progreso parezca lento. Tu dedicación y pasión eventualmente darán frutos, y cuando mires hacia atrás, te darás cuenta de cuánto has crecido gracias a los desafíos que superaste.

Paulette Durand

La Paciencia y la Persistencia

La paciencia y la persistencia son dos virtudes esenciales para cualquier streamer que aspire a tener éxito. El streaming no es un camino rápido hacia la fama o la riqueza. Es un proceso que requiere tiempo, esfuerzo constante y una capacidad para resistir los momentos difíciles. A menudo, los resultados no llegan de inmediato, y eso puede ser desalentador. Sin embargo, entender que el progreso lleva tiempo y mantenerse comprometido con tus metas es lo que marcará la diferencia entre quienes lo intentan y quienes realmente lo logran.

Ser paciente significa aceptar que el crecimiento en el streaming es gradual. Es fácil compararte con streamers que ya tienen grandes audiencias y preguntarte por qué tú no estás ahí todavía. Pero lo que no siempre se ve son los años de trabajo que ellos han invertido para llegar a donde están. Nadie comienza con miles de seguidores. Incluso los streamers más exitosos empezaron con audiencias pequeñas, transmitiendo para unas pocas personas o incluso para nadie al principio. La clave es no rendirse. Cada transmisión, incluso si parece que no hay muchas personas viendo, es una oportunidad para mejorar, aprender y demostrar tu compromiso.

La persistencia, por otro lado, es la capacidad de seguir adelante, incluso cuando las cosas no salen como esperabas. Habrá días en los que sentirás que no estás avanzando, que tus números están estancados o que no logras captar la atención de nuevas personas. Habrá momentos en los que te enfrentarás a críticas, problemas técnicos o simplemente a una falta de inspiración. Persistir significa transmitir a pesar de esos desafíos, mantenerte constante y recordar por qué comenzaste en primer lugar. Es en esos momentos de dificultad cuando realmente se pone a prueba tu determinación.

Una de las razones por las que muchos streamers no logran alcanzar sus metas es porque esperan resultados rápidos y, cuando no los obtienen, se desaniman. El streaming es como plantar un árbol. Primero necesitas sembrar la semilla, cuidarla y regarla constantemente, incluso si no ves cambios de inmediato. Con el tiempo, si sigues dedicándole cuidado, verás cómo comienza a crecer y florecer. La paciencia te ayuda a esperar ese proceso, mientras que la persistencia te asegura que sigas cuidando la semilla, sin importar cuánto tiempo tome.

Para desarrollar paciencia y persistencia, es importante tener metas claras y realistas. Si tu objetivo es alcanzar cien mil seguidores en un mes, es probable que te sientas frustrado cuando no lo logres. Pero si divides ese objetivo en pasos más pequeños, como ganar mil seguidores en un mes, de repente parece mucho más alcanzable. Cada pequeña meta que alcances te dará motivación para seguir adelante. Celebra esos logros, por pequeños que parezcan, porque son pruebas de que estás avanzando.

Otra estrategia útil es centrarte en lo que puedes controlar. No puedes obligar a las personas a seguirte o a participar en tus transmisiones, pero sí puedes controlar la calidad de tu contenido, la consistencia de tus horarios y tu actitud frente a los desafíos. Enfocarte en estas áreas te dará un sentido de propósito y te ayudará a mantener la calma cuando los resultados no lleguen tan rápido como esperas.

Rodearte de una comunidad de apoyo también puede ser muy beneficioso. Habla con otros streamers que estén en una etapa similar a la tuya y comparte tus experiencias. Escuchar cómo otros han superado los mismos desafíos puede darte la perspectiva que necesitas para seguir adelante. Además, contar con una comunidad te ayuda a recordar que no estás solo en este camino. La paciencia y la persistencia son más fáciles de cultivar cuando tienes personas que te alientan y te recuerdan por qué comenzaste.

La mentalidad también juega un papel fundamental. Aprende a ver cada obstáculo como una oportunidad para crecer. Si una transmisión no sale como esperabas, pregúntate qué puedes aprender de esa experiencia. Tal vez necesitas mejorar tu interacción con la audiencia o trabajar en tu configuración técnica. En lugar de sentirte derrotado, usa esos momentos para ajustarte y avanzar. Este tipo de mentalidad te ayudará a mantenerte motivado, incluso en los días más difíciles.

Recuerda que el éxito en el streaming no se mide solo en números. Si bien el crecimiento de tu audiencia es importante, también lo es el impacto que tienes en las personas que ya te siguen. Si logras hacer reír a alguien, enseñarle algo nuevo o simplemente ofrecerle un momento de entretenimiento, ya estás teniendo éxito. La paciencia y la persistencia no se tratan solo de llegar a la cima, sino de disfrutar el viaje y valorar cada pequeño logro en el camino.

Por último, ten en cuenta que la paciencia y la persistencia no son cualidades que se desarrollen de la noche a la mañana. Requieren práctica y compromiso. Habrá días en los que te sentirás desanimado, y eso está bien. Permítete sentir esas emociones, pero no te quedes en ellas. Levántate, recuerda tus metas y sigue adelante. Cada paso que das, por pequeño que sea, te acerca más a tus sueños.

En el mundo del streaming, la paciencia y la persistencia no son solo herramientas, son tu base. Son lo que te permitirá superar los momentos difíciles y disfrutar de los buenos. Con el tiempo, verás que todo tu esfuerzo vale la pena. Así que sigue transmitiendo, sigue aprendiendo y, sobre todo, sigue creyendo en ti mismo. El éxito no es inmediato, pero con paciencia y persistencia, llegará.

Paulette Durand

La Vida Más Allá del Streaming

La vida más allá del streaming es un tema que muchos streamers pasan por alto hasta que se enfrentan al agotamiento o a una sensación de vacío. Aunque el streaming puede ser una pasión, un trabajo e incluso una forma de vida, es importante recordar que no es lo único que define quién eres. En este capítulo, exploraremos por qué es esencial tener un equilibrio, cultivar otras áreas de tu vida y prepararte para un futuro que puede ir más allá del streaming.

Cuando te sumerges completamente en el mundo del streaming, es fácil perder de vista todo lo demás. Las largas horas frente a la cámara, la necesidad constante de producir contenido y la presión de mantener a tu audiencia comprometida pueden ocupar gran parte de tu tiempo y energía. Si bien este nivel de dedicación es necesario para tener éxito, también puede convertirse en una trampa si no estableces límites claros. La vida no debe girar únicamente en torno a transmitir. Es importante que reserves tiempo para ti, para tus seres queridos y para actividades que no estén relacionadas con el streaming.

Uno de los mayores riesgos de no tener una vida equilibrada es el agotamiento. El streaming puede ser emocionalmente demandante. Interactuar constantemente con la audiencia, enfrentarte a críticas y trabajar bajo la presión de mantener tu relevancia pueden desgastarte mentalmente. Si no tienes otras fuentes de energía y satisfacción, es fácil sentirte abrumado. Por eso es crucial tener hobbies, intereses y relaciones fuera del mundo digital. Estos elementos no solo te ayudan a desconectar, sino que también te permiten recargar energías para regresar al streaming con una nueva perspectiva.

Otro aspecto importante de la vida más allá del streaming es la salud física. Pasar horas sentado frente a una pantalla puede tener un impacto negativo en tu cuerpo. Es esencial que incluyas actividad física en tu rutina diaria, ya sea hacer ejercicio, salir a caminar o simplemente estirarte durante tus transmisiones. Tu salud es tu herramienta más valiosa, y cuidar de ella debe ser una prioridad. Además, una buena alimentación y un sueño adecuado también son fundamentales. Sin estos pilares, será difícil mantener el ritmo que exige el streaming.

Las relaciones personales también son un área clave a considerar. El streaming puede ser solitario, especialmente si trabajas desde casa y pasas la mayor parte del tiempo interactuando solo con tu audiencia. Es importante que dediques tiempo a tus amigos y familiares. Estas conexiones te proporcionan apoyo emocional y te recuerdan que hay un mundo más allá de las pantallas. A veces, un simple café con un amigo o una cena con la familia puede ser todo lo que necesitas para reconectarte contigo mismo.

Además de cuidar de tu salud y tus relaciones, es importante pensar en el futuro. El streaming, aunque puede ser lucrativo, no siempre garantiza estabilidad a largo plazo. Las plataformas cambian, las tendencias evolucionan y la audiencia puede variar. Por eso, es una buena idea diversificar tus ingresos y desarrollar habilidades que puedan ser útiles en otros campos. Esto podría incluir aprender sobre edición de video, marketing digital, diseño gráfico o incluso iniciar un negocio relacionado con el contenido que produces. Estas habilidades no solo pueden complementar tu carrera como streamer, sino que también te preparan para cualquier eventualidad.

También es importante considerar cómo usas tu tiempo libre. Muchos streamers exitosos dedican parte de su tiempo a proyectos paralelos, como escribir un libro, crear cursos en línea o desarrollar productos relacionados con su marca. Estas actividades no solo te ayudan a diversificar tus ingresos, sino que también te permiten explorar nuevas formas de expresarte y conectarte con tu audiencia desde otro ángulo. Además, trabajar en proyectos diferentes puede ser refrescante y darte un descanso del ritmo constante del streaming.

La vida más allá del streaming también incluye cuidar de tu bienestar mental. Las redes sociales y las métricas constantes pueden ser abrumadoras. Compararte con otros streamers o preocuparte por el número de espectadores puede afectar tu autoestima. Es esencial que te des tiempo para desconectar completamente de la tecnología. Sal a la naturaleza, medita, lee un libro o simplemente pasa un día sin revisar tus estadísticas. Estas pausas te permiten recargar tu mente y volver con una actitud más positiva y equilibrada.

Por último, recuerda que el streaming es solo una parte de tu vida, no toda tu identidad. Es fácil dejar que el trabajo te consuma y definirte únicamente como streamer, pero eres mucho más que eso. Tienes talentos, intereses y metas fuera de las transmisiones en vivo. No descuides esas partes de ti. Cultiva tus pasiones, desarrolla tus habilidades y vive plenamente. De esta manera, no solo serás un mejor streamer, sino también una persona más completa y feliz.

La vida más allá del streaming no es un escape, sino un complemento. Tener un equilibrio entre tu trabajo como creador de contenido y el resto de tu vida te permitirá disfrutar más de ambas cosas. Te ayudará a mantener la perspectiva, cuidar de ti mismo y prepararte para lo que venga en el futuro. Así que, mientras trabajas duro para construir tu carrera en el streaming, no olvides disfrutar del resto del viaje que es la vida. Al final, esa es la verdadera clave para el éxito y la felicidad.

vida. Al final, esa es la verdadera clave para el éxito y la felicidad.

Paulette Durand